Fräulein K sagt Ja

DAS HOCHZEITSBILDERBUCH

KATJA HEIL

Lifestyle
**BUSSE
SEEWALD**

VORWORT

Katja Heil
www.fraeulein-k-sagt-ja.de

Bild: Kristina Assenova Photography

Vor mehr als fünf Jahren habe ich mich getraut. Nein, nicht zu heiraten, sondern den ersten Post auf meinem Hochzeitsblog Fräulein K sagt Ja zu veröffentlichen. Er handelte von Hochzeitstorten und der Herausforderung, in Deutschland schöne zu finden, die nicht von Plastiktäubchen gekrönt waren. ‚Cake Topper' waren damals niemandem ein Begriff.

Was hat sich nur alles verändert in diesem halben Jahrzehnt! Wenn ich als Fotografin Hochzeiten erlebe, oder lese, was Paare mir schreiben, dann weiß ich, dass die Entwicklungen in der Hochzeitswelt genau die richtigen sind. Natürlich, Vintage, klassisch, modern – schön ist, was gefällt und zum Paar passt.

Nie wurde die Entscheidung zu heiraten bewusster getroffen. Paare müssen nicht, sie wollen sich die Liebe und das gemeinsame Leben versprechen und das aus ganzem Herzen.

Hochzeiten werden zelebriert, sie werden zum Abbild der Persönlichkeit des Brautpaares. Es gibt keine Standards mehr, die es einzuhalten gilt. Es wird geheiratet, wie und wo man möchte. Hauptsache individuell, kreativ und persönlich. Die gesamte Branche treibt den Wandel voran: Professio-

nelle Dienstleister wie Wedding Planer, Floristen, Konditoren, Schmuckdesigner, Grafiker und Fotografen entwickeln gemeinsam mit dem Paar individuelle Konzepte und tragen dazu bei, dass jede Hochzeit einzigartig wird.

Einige wundervolle und emotionale Hochzeitsmomente aus ganz Deutschland möchten wir in diesem Bildband vorstellen und euch Tipps für euren großen Tag an die Hand geben.

Mit unseren Do-it-yourself-Ideen überrascht ihr nicht nur eure Gäste, sondern macht euren Tag noch persönlicher. Klingt aufwendig? Dann sind unsere Vorlagen zum Downloaden genau das Richtige für euch! Eine Spielwiese an Inspirationen findet ihr abschließend in den sogenannten Styled Shoots, in denen komplette Hochzeitskonzepte in Szene gesetzt wurden.

Lasst euch treiben! Schnappt euch eine Tasse Kaffee oder Tee und macht es euch gemütlich. Blättern, träumen und Wünsche wahrmachen ist ausdrücklich erlaubt!

Habt ganz viel Freude mit diesem Buch!
Katja

INHALT

START. AB DER ERSTEN MINUTE

Wartet geduldig auf seinen großen Auftritt: das Brautkleid.

Ein besonderes Parfum wird euch immer wieder an den Tag erinnern.

Hier und jetzt beginnt er, euer Hochzeitstag. Wochenlang habt ihr geplant und organisiert und nun sollte es nur noch eins geben: diesen Tag ab der ersten Minute zu genießen. Keine To-dos mehr, nichts Ungeklärtes, keine Hektik. Lediglich der durch Vorfreude und Aufregung geprägte Trubel beim Ankleiden. Mit den besten Freundinnen, den Trauzeugen oder Geschwistern. Egal mit wem, Hauptsache ihr kostet diese besondere Atmosphäre von Anfang an aus.

Getting Ready.
Der Tag als Braut und Bräutigam beginnt genau jetzt!

Ist es wirklich wahr? Heute soll der Tag der Tage sein? Es ist früh am Morgen und ihr seid noch gar nicht aufgeregt? Gut so! Denn das ist ein untrügliches Zeichen dafür, dass bei den Vorbereitungen alles prima gelaufen ist und ihr heute nur noch eins zu erledigen habt: aus ganzem Herzen ja zu sagen!

Zugegeben, das Ankleiden und Zurechtmachen, auch Getting Ready genannt, nimmt einen vergleichsweise kleinen Raum im Ablauf eures Hochzeitstages ein. Ein paar Stunden sind dafür vielleicht vorgesehen, bei den Damen mehr als bei den Herren, verständlicherweise. Aber dennoch, es sind die ersten Stunden, die ihr als Braut und Bräutigam erleben werdet, es ist die Zeit, in der alles real wird, was ihr euch in den letzten Monaten ersehnt habt.

Zelebriert diese Stunden mit Menschen, die ihr gerne um euch habt. Mit denen man lachen und auch diskutieren kann, die euch beraten, Mut machen, Händchen halten, Brötchen reichen, Prosecco nachschenken und sich vor allem unendlich für euch freuen. Vergesst nicht, das ist auch der Moment, in dem die Schwester Trauzeugin wird und der beste Kumpel Trauzeuge.

Sicher waren sie euch eine große Hilfe bei den Hochzeitsplanungen, haben sich Kleider angeschaut und über Blumenschmuck diskutiert, das Pro und Contra bei der Locationsuche abgewogen und zig Varianten für den Tagesablauf besprochen. Nicht immer ein leichter Job, daher haben sie ein Dankeschön verdient. Über ein kleines Geschenk am Hochzeitstag, das auch Trauzeugen immer an das Erlebnis zurückdenken lässt, werden sie sich sicher freuen.

Haare, Make-up, Anekdoten und erste Aufregung, alles zusammen sorgt für eine ganz besondere Atmosphäre. Vor allem die Damen lassen sich gerne gemeinsam stylen. Doch was spricht dagegen, dass auch die Jungs gemeinsam beim Barbier vorbeischauen und auf ihre Art den Tag beginnen? Denn lasst euch eins gesagt sein, auch die Herren erreicht irgendwann die Nervosität und sie sind froh, diese mit ihren Jungs ganz cool meistern zu können.

Überlegt, wo ihr euch ankleidet und stylt. In den eigenen vier Wänden, bei Freunden, oder doch lieber in einem Hotel? Zu Hause fühlt man sich wohl, alles ist da, doch sorgt auch hier für eine entspannte Atmosphäre. Räumt den Alltagskram vorher zur Seite, legt euer Outfit und die Accessoires bereit und heißt eure Gäste mit einem Getränk und einem Snack willkommen.

Im Hotel ist es meist relaxter, alles ist organisiert und nur das, was zur Hochzeit gehört, umgibt euch. Kommt die Visagistin zu euch, hängt das Kleid geduldig im Zimmer, Musik spielt leise im Hintergrund und ihr könnt euch völlig auf das einlassen, was gerade geschieht. Häufig ist dies auch die stimmigere Umgebung für die ersten Fotos eurer Reportage.

Eine Sache ist besonders wichtig und sollte nicht unterschätzt werden: Gebt ab diesem Morgen alle To-dos ab. Instruiert am Tag zuvor eure Trauzeugen oder andere helfende Hände über die Dinge, die noch erledigt werden müssen. Kirchenhefte auslegen, Ballons aufblasen, Ringe mitnehmen – alles Aufgaben, die andere sicher gerne für euch übernehmen. Macht euch frei und genießt nur noch!

Profis können im Übrigen auch sehr gut dazu beitragen, allen Druck von euch zu nehmen. Sie wissen, wie das Probestyling ausgesehen hat, machen unbeobachtet die besten Fotos, behalten die Uhr im Auge und halten die Kommunikation zwischen den Beteiligten aufrecht. Einige Aufgaben kann man ihnen guten Gewissens überlassen.

Wenn dann der Zeitpunkt endlich gekommen ist, das Make-up atemberaubend und doch natürlich aussieht, die Haare perfekt sitzen und ihr in euer Kleid oder euren Anzug schlüpft, macht es plötzlich bähm!

Selbst die unaufgeregteste Braut und der lockerste Bräutigam bekommen nun ein kurzes Schmetterlingsgefühl im Bauch, denn jetzt geht's wirklich los!

Habt ihr eigentlich schon darüber nachgedacht, wann und wo ihr das erste Mal aufeinandertreffen werdet? Klassisch bei der Trauung? Oder schon früher, weil der Tagesablauf es so erfordert? Sollte Letzteres der Fall sein, dann sucht euch einfach ein schönes Plätzchen, um diesen Moment zu zelebrieren. Wäre doch schade, wenn ihr euch einfach nur auf dem Parkplatz oder Hotelflur über den Weg laufen würdet.

Der Bräutigam wartet, die Aufregung wächst und dann kann er sie zum ersten Mal sehen: seine Braut!

Bilder: Metz Fotografie

Was für ein stilvolles Ambiente für das Getting Ready am Hochzeitsmorgen! Viel Raum und Licht, ein hervorragender Platz für das wartende Brautkleid und vorfreudig aufgeregte Brautjungfern, die euer Glück teilen. Oder auch mal Händchen halten, wenn die Nerven anfangen zu flattern.

Habt ihr den Prosecco
schon kalt gestellt? Prima!

Bilder: Charmewedd

Tipps

So wird's ein entspannter Hochzeitsmorgen

↠ Schlafen und Frühstücken! Ein Getränk und eine Kleinigkeit zu essen solltet ihr auf jeden Fall zu euch nehmen. Der Tag wird lang und ihr werdet nicht viel Zeit zum Essen haben. Ausgeruht sein kann da ebenfalls nicht schaden.

↠ Musik, egal ob Partymucke oder stimmungsvolle Songs, schaffen 'ne schöne Atmosphäre. Denkt an einen CD-Player oder Lautsprecher fürs Mobiltelefon.

↠ Trauzeugen und Eltern, die vorbeischauen, aber auch Dienstleister wie Fotografen und Visagisten freuen sich über ein bisschen Verpflegung. Wasser, Obst und kleine Snacks sind super für zwischendurch.

↠ Legt euer komplettes Outfit zurecht, hängt Kleid und Anzug schön auf, legt den Schmuck bereit und holt gerne auch schon den Brautstrauß oder die Anstecker für die Herren dazu.

↠ Räumt alles weg, was ihr gerade nicht benötigt: Kleiderhüllen, Taschen, Wechselklamotten etc. Das verhindert das große Chaos, wenn sich mehrere Personen in einem Zimmer stylen und sieht auch auf euren Fotos besser aus.

Bilder: Lea Bremicker Fotografie

Ein Weg entsteht,
wenn man ihn geht.

Chinesisches Sprichwort

 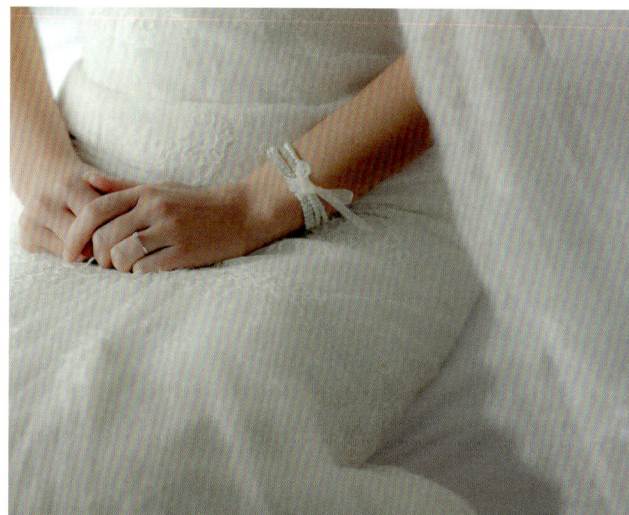

Bilder: Pausin Fotografie

Legt auch eure Papeterie für ein paar Fotos bereit. Einladung, Kirchenheft und Platz-kärtchen finden so ihren Platz in eurem Album.

Bilder: Hanna Witte Hochzeitsreportagen

Findet euren eigenen Stil.
Hochzeitstrends sind nur dann schön,
wenn sie zu euch passen.

Klassisch edel wird nie aus der Mode kommen und geht in
Nuancen wunderbar mit der Zeit. Ein schlichtes Kleid mit
einem Bolerojäckchen aus feiner Spitze? Wunderschön!
Dazu das zarte, farbige Band mit Kristallbrosche? Perfekt!

Bilder: Ishtar Najjar Fotografie

Hand aufs Herz, wann habt ihr Mädels schon mal so einen tollen Morgen erlebt? Wann habt ihr das letzte Mal so blendend ausgesehen und wie lange lag der letzte perfekte Tag zurück? Ist ´ne Weile her, oder?

Macht gemeinsam ein Foto!

Nicht nur die Braut strahlt am Hochzeitsmorgen, sondern garantiert auch die besten Freundinnen, die sich mindestens genauso mitfreuen!

Die Zeiten, in denen die Herren kaum über ihr Outfit nachdachten, sind lange vorbei. Maßanzug oder Stoffhose mit Hosenträgern, farbige Akzente oder klassisch in Schwarz, Krawatte oder Fliege, Einstecktuch oder Blume im Knopfloch? Bräutigam, Trauzeuge und seine engsten Freunde kleiden sich bewusst passend zum Stil der Hochzeit.

Die Atmosphäre bei den Herren, ihre Accessoires und natürlich das Outfit haben es allemal verdient, in schönen Fotos festgehalten zu werden!

Besprecht vorab mit eurem Fotografen, wie ihr euch den Morgen aufteilt. Wenn Zeit und Distanz es zulassen, schaut er mit der Kamera gerne bei Braut und Bräutigam vorbei. So habt ihr nach der Hochzeit auch die Gelegenheit zu sehen, wie der andere den Morgen erlebt hat.

Bilder: Le Hai Linh Photography

Sucht euch einen schönen Platz, wenn ihr zum ersten Mal als Braut und Bräutigam aufeinandertrefft.

Bilder: Lea Bremicker Fotografie

,The first look' nennen die Amerikaner diesen Moment, der so zauberhaft ist. Zum ersten Mal trefft ihr als Braut und Bräutigam aufeinander. Wo soll dies geschehen? In der Kirche oder im Standesamt? Wenn es nicht direkt vor der Zeremonie möglich ist, sucht euch eine schöne Umgebung, in der ihr für euch sein könnt.

Zelebriert diesen kleinen magischen Moment für euch!

Der Bräutigam steht mit dem Rücken zum Weg und wartet auf seine Liebste. Erst auf Zuruf oder durch eine Berührung der Braut dreht er sich um. Dann ist sie da. In diesem wundervollen Kleid und sieht einfach hinreißend aus. Und er? Hat sich fein gemacht, duftet gut und hat vor Freude glänzende Augen. Wow, was für ein emotionaler Moment, in dem die Zeit stillsteht und sich die Welt nur noch um euch beide dreht!

JA. NUR NOCH EIN KLEINES WORT

Der erste Kuss als Mann und Frau. Ein unvergess-liches Highlight, auch für die Gäste!

Wedding Signs zeigen den Weg zum Ort des Geschehens und stimmen alle ein.

Ist es wichtig, wie und wo ihr „Ja" zueinander sagt? In der Kirche, im Standesamt, auf einer Wiese, am Strand? Allei-ne oder mit vielen Freunden und der Familie? Eigentlich nicht. Aber irgendwie schon, oder? Es soll ein besonderer Ort sein. Einer, der diesem Anlass genau den Rahmen gibt, den ihr ihm geben wollt. Mit genau den Menschen, mit de-nen ihr in diesem Augenblick Erinnerungen schaffen möch-tet. Ihr sollt euch zu Hause fühlen, einen intimen Moment in einer Umgebung erleben, die euch völlig ummantelt und die zu euch passt. Von daher ist es schon wichtig, wo ihr ja sagt. Dort werden Momente greifbar, erlebbar und wahr-lich unvergesslich.

Bilder: Karoline Kirchhof Photography

Zwei Buchstaben für die Ewigkeit

Der klassischste aller Hochzeitsträume ist vermutlich dieser: Die Braut schreitet in einem wunderschönen Kleid, begleitet durch einen halb glücklichen, halb zu Tränen gerührten Vater, den Gang einer Kirche entlang. Strahlende Gesichter und zögerlich tupfende Taschentücher säumen ihren Weg an dessen Ende der Mann steht, der sein Glück schier nicht fassen kann.

Ein Kuss vom Vater, das Lüpfen des Schleiers, ein Händedruck. Der Bräutigam führt seine Braut die letzten Meter zum Altar. Sie sitzen nebeneinander, wechseln verstohlene Blicke zur Seite, halten sich gegenseitig ihre zitternden Hände. Die feierliche Gewissheit, dass diese beiden hier und jetzt genau das Richtige tun, erfasst auch die Gäste.

Standesamt, Kirche oder freie Trauung – das sind im Groben die drei Möglichkeiten, sich das Ja-Wort zu geben. Für welche ihr euch letztendlich entscheidet, hängt von mehreren Faktoren ab.

Die standesamtliche Trauung

Eine in Deutschland gültig geschlossene Ehe ist nur dann rechtswirksam, wenn sie durch das Standesamt beurkundet wird, was im Umkehrschluss heißt, dass die standesamtliche Trauung die einzige ist, die das Paar vor dem Gesetz zu Eheleuten macht. Kurz, man kommt an ihr nicht vorbei.

Frühestens sechs Monate vor dem Termin kann die Eheschließung beim Standesamt angemeldet werden, viele Standesämter bieten aber die Möglichkeit, einen Wunschtermin auch längerfristig zu reservieren.

Aus der Ferne betrachtet spielt die Umgebung des Standesamtes natürlich keine Rolle. Ja sagen kann man auch in den original Möbeln eines Amtes aus den 70er-Jahren. Doch gerade wenn die Trauung im Standesamt die einzige ist, wünscht man sich doch eher ein stilvolles, besonderes Ambiente für diesen Moment.

Bild: Metz Fotografie

Ein Standesamt muss nicht grau und bürokratisch sein. Fragt bewusst nach Außenstellen und besonderen Trauorten.

Es lohnt sich daher, beim zugehörigen Standesamt genauer nachzufragen. Gibt es eine Außenstelle, die einen besonderen Ort für eine Trauung anbietet? Einen prächtigen Raum in einem historischen Gebäude, oder kommt gar ein Standesbeamter zur Wunschlocation? Einige bieten diesen Service an.

Eine Trauung im Standesamt dauert zwischen 20-30 Minuten. Am Ende seid ihr Ehefrau und Ehemann, haltet die Eheurkunde in den Händen und bei einer Namensänderung auch eine Bescheinigung zur Vorlage bei Banken, Ämtern etc. Was in der Zwischenzeit geschieht, folgt mehr oder weniger definierten Abläufen, die aber durch persönliche Worte, Musik oder Ähnliches individuell aufgelockert werden können.

Tipps
Für die standesamtliche Trauung

⟩⟩—⟩ Seit 1998 benötigt man nicht mehr unbedingt einen Trauzeugen zur Eheschließung. Geschwister oder enge Freunde fühlen sich bestimmt geehrt, eure Ehe trotzdem bezeugen zu dürfen. Die Kosten für die standesamtliche Trauung liegen zwischen 50 und 100 Euro, entscheidet ihr euch für ein Stammbuch, kommen diese Kosten noch hinzu.

⟩⟩—⟩ Ihr heiratet ausschließlich standesamtlich? Dann überlegt, wie ihr den Rahmen festlich und persönlich gestalten könnt. Musikeinlagen, Ansprachen durch Familienmitglieder oder das Vortragen von Gedichten machen aus einer zivilen Trauung eine festliche Zeremonie.

Die kirchliche Trauung

Die Trauung in der Kirche ist für viele Paare der feierliche Höhepunkt einer Hochzeit. Je nach Konfessionszugehörigkeit heiratet ihr katholisch, evangelisch oder ökumenisch. Die Ehe stellt in der katholischen Kirche ein Sakrament dar und wird mit einem Wortgottesdienst oder einer Eucharistiefeier zelebriert. Für die evangelische Kirche ist die Ehe eine weltliche Angelegenheit und wird durch einen Gottesdienst unter göttlichen Segen gestellt. Ökumenisch wird dann geheiratet, wenn die Ehepartner unterschiedlichen Konfessionen angehören und gemeinsam um Gottes Segen bitten.

Allen kirchlichen Trauungen gemein ist die Vorbereitung durch ein Traugespräch und die Planung der Zeremonie mit dem Geistlichen. Eine gesetzliche Frist zur Anmeldung wie im Standesamt gibt es nicht, jedoch empfiehlt es sich, so frühzeitig wie möglich Kontakt mit der Kirchengemeinde aufzunehmen, um einen Wunschtermin festlegen zu können.

Die Trauung in einer anderen Gemeinde als der Heimatgemeinde ist meist unproblematisch, so lange der Pfarrer informiert wurde und der der Gastgemeinde der Trauung in seiner Kirche zustimmt. Einer Trauung in einer besonders schönen Kapelle, oder am Ort des Kennenlernens steht somit grundsätzlich nichts im Wege.

Wenn ihr euch für eine kirchliche Trauung entschieden habt, dann besprecht mit eurem Pfarrer im Traugespräch, was euch wichtig ist und wie ihr den Gottesdienst persönlich gestalten könnt. Das Vortragen von Lesung und Fürbitten übernehmen Familie und Freunde sicher gerne. Ein Chor, ein Solist oder Musiker unterstreichen die emotionale Stimmung und auch persönliche Worte, die die Ehepartner bei der Trauung an sich richten, sind sehr ergreifend.

Die Kirchendekoration
darf auch gerne luftig und
frei sein. Schleierkraut und
Wiesengräser in Glasflaschen
zieren den Altar, kleine
Sträuße die Bänke.

Ein besonderes Plätzchen für eure Ringe

Die Holzschale wurde mit Moos, Gräsern und Blüten gefüllt und bietet ein stilvolles und zum Konzept der Hochzeit passendes ‚Ringkissen'. Nach der Hochzeit bekommt sie ohne florale Füllung einen Ehrenplatz zu Hause und erinnert im Vorbeigehen an diesen besonderen Tag.

Bilder: Die Hochzeitsfotografen

Tipps

Für die kirchliche Trauung

»———→ Trauzeugen sind in der katholischen Kirche Pflicht, d.h. zwei Vertraute bezeugen das Sakrament der Ehe. In der evangelischen Kirche hingegen sind keine Trauzeugen vorgeschrieben.

»———→ Der Ringtausch in der Kirche ist Tradition, jedoch nicht verpflichtend. Ebenso wenig wie der Hochzeitskuss. Überlegt euch vorab, ob ihr euch küssen wollt oder nicht. Oder ob ihr euch einfach von den Emotionen treiben lasst.

Bilder:
Anne & Björn Fotografie

Auf der Rückseite des Kirchenhefts ist Platz für eine Danksagung an die Beteiligten und ein kurzes Hochzeitsprogramm, damit alle wissen, wie der Tag weiter verläuft.

Der Blumenschmuck an den Sitzreihen macht die Kirche festlicher und leitet den Blick nach vorne zum Brautpaar. Ein Kranz aus Blüten oder Blättern und Zweigen ziert die Sitzgelegenheit des Paares und kann später in der Location ebenfalls am Platz angebracht werden.

Ein Kirchenheft gehört einfach zu jeder Trauung. Es gibt den groben Ablauf des Gottesdienstes vor und beinhaltet auch die Lieder, die die Gäste gemeinsam singen.

Bilder: Die Hochzeitsfotografen

Die freie Trauung

Wie das Wort schon sagt, seid ihr bei der freien Trauung frei in der Wahl des Ortes, des Trauredners und der Gestaltung der Zeremonie. Diese Form bietet sich besonders für Outdoor-Trauungen, gerne auch an ungewöhnlichen Orten, an: der eigene Garten, am Strand oder auf dem Berg. Wo und wie ihr wollt.

Auch einen vorgeschriebenen Ablauf gibt es nicht. Diese Freiheit bietet viele Möglichkeiten der Gestaltung, birgt aber auch Risiken. Wer kann von sich schon behaupten zu wissen, was eine freie Trauung zu einem besonderen Erlebnis macht, sodass sich auch das ‚Hochzeitsgefühl' einstellt?

Es macht daher durchaus Sinn, sich in die Hände von erfahrenen Traurednern zu begeben und im Vorgespräch zu überlegen, was euch als Paar ausmacht. Wie ist eure Kennenlerngeschichte, welche Pläne habt ihr, wie soll euer zukünftiger Weg aussehen? Die Antworten auf diese und weitere Fragen werden das Gerüst eurer Trauung bilden, das es dann durch individuelle Worte und Rituale zu füllen gilt.

Tipps
Für die freie Trauung

»→ Wie man den richtigen Trauredner findet? Das Internet bietet viele Einträge, qualifizierte Redner sind z. B. auf www.rent-a-pastor.com registriert. Auch Moderatoren oder freie Sprecher sind häufig geschult darin, oder die Location hat Empfehlungen aus der Region parat. Sprecht auf jeden Fall im Voraus mit den potenziellen Rednern, um herauszufinden, ob ihr auf einer Wellenlänge liegt und ihr euch eine Zusammenarbeit vorstellen könnt.

»→ Falls eure Wunschtrauung unter freiem Himmel stattfinden soll, denkt auch an Plan B: Gibt es eine Schlechtwetteralternative? Denn plötzliche Regenschauer lassen sich leider nicht vorhersagen.

Bilder: Le Hai Linh Photography

Bilder: Pausin Fotografie

Was für eine wundervolle Umgebung für eine Trauung im Freien! Das Rondell im Garten des Guts ist der Ort der Trauzeremonie. Gartenstühle auf der Wiese bieten einen legeren Platz für die Gäste.

Auf dem Kiesweg und unter einem Rosenregen schreitet das Brautpaar ins gemeinsame Leben.

Heiraten im eigenen Garten? Persönlicher und privater kann man sich das Ja-Wort kaum geben! Bedenkt bei der Planung auch die Infrastruktur: Sind ausreichend Sitzplätze vorhanden? Klappstühle kann man ausleihen. Bierbänke mit weißen Hussen oder Strohballen mit Leinentüchern sind preiswerte Alternativen.

Wie wird aus dem Gartentraum ein feierlicher Hochzeitsraum? Ein Podest, ein Baldachin oder kleinere Bäumchen bilden einen schönen Rahmen für euer Eheversprechen.

Bilder: Hanna Witte Hochzeitsreportagen

Der Weg zum Altar.
Früher übergab der
Vater seine Tochter dem
zukünftigen Schwiegersohn.
Viele Paare entscheiden
sich jedoch bewusst dafür,
auch diesen Weg gemein-
sam zu gehen.

Ob standesamtlich, kirchlich oder frei, wenn ihr den Ort
der Trauung verlasst, wird sich ein Gefühl einstellen, das
ihr bisher noch gar nicht kanntet: Euer Leben werdet ihr
von nun an als Mann und Frau bestreiten!

Herzlichen Glückwunsch!

Bilder: Anne & Björn Fotografie

PORTRAITS. EIN MOMENT NUR FÜR EUCH

Das Ringkissen mit den Eheringen ist ein wichtiges Detail des Tages. Bringt es mit zum Shooting!

Auf euren Hochzeitsfotos sollt ihr euch wiedererkennen. Fühlt euch wohl. Seid ganz ihr selbst.

Stellt euch vor, ihr könnt an eurem Hochzeitstag eine Stunde ausbrechen. Einige Minuten für euch alleine sein, die Zeit ein bisschen anhalten und das bisher Geschehene betrachten. Entspannter kann euer Portait-Shooting kaum verlaufen. Besprecht mit eurem Fotografen vorab, wann und wo es stattfinden soll. Gibt es einen Ort, der euch verbindet? Oder Accessoires, wie Buchstaben, Luftballons oder eine Girlande, die zu euch und eurer Hochzeit passen? Mitnehmen! Am Nachmittag, wenn sich die Gäste beim Empfang wohlfühlen und das Licht weich wird, ist der ideale Zeitpunkt, um die Paarbilder zu fotografieren.

Habt einfach Spaß! Manchmal entstehen aus den schrägsten Situationen die lustigsten Hochzeitsfotos.

Bild: Charmewedd

Am Ende bleiben die Erinnerungen ...
Und die schönen Hochzeitsfotos.

Sie gehören einfach zur Hochzeit dazu, die schönen Fotos vom Brautpaar. Früher waren sie das Einzige, wofür ein professioneller Fotograf gebucht wurde, oder wofür man gar ins Studio ging und vor einer künstlichen Landschaft posierte.

Diese Zeiten sind zum Glück vorbei, die Hochzeitsfotografie ist viel natürlicher geworden und hat es sich zum Ziel gesetzt, die Geschichte des Brautpaares zu erzählen. Sie will als stiller Beobachter emotionale Momente einfangen, schöne Details, Glück und Liebe zeigen und am Ende Bilder eines unvergesslichen Tages überreichen.

Hochzeitsfotos erzählen heutzutage die Geschichte der gesamten Hochzeit, d.h. der Fotograf kommt oft nicht nur zu den Portraits und der Trauung vorbei, sondern begleitet das Paar vom Ankleiden bis zum Abend. Acht bis zehn Stunden sind die Regel, längere Engagements kommen, je nach Tagesablauf, auch vor.

Innerhalb dieses zeitlichen Rahmens findet auch das Portrait-Shooting statt. Die Sorge, hierfür zu lange von der Gesellschaft getrennt zu sein, erweist sich meist als unbegründet. Wenn die Gäste beim Empfang gut versorgt sind, sich die Füße vertreten oder sich frisch machen, verschwindet ihr kurz mit eurem Fotografen. Innerhalb einer guten Stunde entstehen viele natürliche Fotos von euch als Paar und einzeln.

Perfekt ist es natürlich, wenn sich bei eurer Feierlocation die ein oder andere schöne Stelle nutzen lässt, doch Obacht: Zuschauende Hochzeitsgäste mit Smartphones in der Hand wirken sich selten positiv auf die Konzentration aus. Schlauer ist es, sich beim Verabschieden zum Shooting noch einmal kurz in Pose zu stellen und den Gästen die Chance zu geben, ein vernünftiges Foto zu machen. Onkel Kurt wird stolz sein, ein tolles Foto präsentieren zu können!

Danach vertraut eurem Fotografen! Bei der Auswahl habt ihr euch sicher nicht nur vom Bildstil und den Referenzen, sondern auch vom Bauchgefühl und der Sympathie treiben lassen. Das ist wichtig, denn jemand, der euch den gesamten Tag umgibt, sollte auch menschlich zu euch passen.

Damit auch alle da sind, haltet das Gruppenbild als Punkt im Hochzeitsprogramm fest. Eine Vorlage hierfür findet ihr als DIY auf Seite 106!

Im Vorgespräch habt ihr über Fotos gesprochen, die euch gefallen. Was wünscht ihr euch? Eher romantisch-verträumte Szenen? Künstlerisch-kreative Paarfotos? Moderne, witzige und liebevolle Bilder? Nun seid ihr dran!

Lasst das Shooting auf euch zukommen. Natürlich schöne Fotos entstehen durch euer Miteinander vor der Kamera. Schaut euch an, berührt euch, lacht miteinander und sagt euch etwas Liebes. Ganz wichtig: Genießt diese kleine Auszeit! Der Hochzeitstag wird nur so an euch vorbeirasen. Das Shooting ist die Gelegenheit, einmal durchzuatmen und nur für euch zu sein. Ihr habt geheiratet!

Der ideale Shooting-Zeitpunkt ist der späte Nachmittag. Je später der Nachmittag, desto weicher und goldener wird das Licht. Portraits vor der Trauung sind machbar, allerdings benötigt ihr dann eine Location, die schattig ist. Im Sommer in der Mittagshitze stehen, um Fotos zu machen, ist keine gute Idee.

Vielleicht könnt ihr sogar am Abend zwischen den Gängen kurz nach draußen huschen und in zehn Minuten schöne Bilder bei tief stehender Sonne machen.

Übrigens, die klassischen Portraitfotos, auf denen beide in die Kamera lächeln und komplett mit Outfit und Brautstrauß zu sehen sind, mögen zuerst nicht so spannend erscheinen, sind aber doch ein Must-have. Die Familie wird's euch danken. Gerahmte Abzüge dieses Motivs stehen nämlich anschließend bei den Eltern auf dem Sideboard.

Mit den Gruppenfotos verhält es sich ganz ähnlich. Keiner mag sie machen, aber sie gehören einfach dazu und irgendwie ist es ja doch auch schön, jeden Gast einmal verewigt zu haben.

Bevor man die Gäste nach drinnen bittet, um das Abendprogramm zu starten, kommen alle zum großen Gruppenbild zusammen. Aus der gesamten Gruppe werden dann kleinere herausgelöst: Eltern, Geschwister, Trauzeugen, die mit dem Paar posieren, auch ein paar Aufnahmen mit den Jungs und Mädels machen Spaß. In 15 Minuten ist alles erledigt und der Abend kann beginnen.

Bilder: Die Hochzeitsfotografen

Jung, verspielt, fröhlich

Ganz wichtig bei den Paarfotos ist, dass sie euch nicht nur abbilden, sondern zeigen. Natürlich miteinander lachen, liebevolle Blicke, kleine Spielereien, schöne Details. Erlaubt ist, was gefällt und zu euch passt.

Bilder: OctaviaplusKlaus Wedding Photography

An die Liebe

Alle suchen sie dich
und überall lockst du.
Aus tausend Verhüllungen schimmert
dein unenträtselt Gesicht.

Aber wenigen nur
gewährst du Erfüllung,
selige Tage, reines Glück.
Zärtlich wehn dich die Blumen,
die scheuen Gräser,
der Schmetterlinge heiterer Flug;
wilder der Wind
und das ewig sich wandelnde Meer.

Wunderbar strahlst du
aus den Augen des Menschen,
der ein Geliebtes
in seinen Armen hält,
vom tönenden Sternenhimmel überwölbt.

In die zitternde Seele
schweben Schauer
von Leben und Tod.

Francisca Stoecklin 1894-1931, Schweizer Dichterin

Bild: Festtagsfotografien

Das weiche Abendlicht ist einfach unverwechselbar. Es ist zart und dennoch strahlend. Die Anspannung des Tages liegt hinter euch und ihr genießt einfach nur. Krawatte lösen und Schuhe ausziehen? Sehr gerne!

Bilder: Karoline Kirchhof Photography

Bilder: Le Hai Linh Photography

Macht von jedem Gast ein Foto und legt es der Danksagungskarte bei. Die Freude ist sicher groß!

Gruppenfotos mögen im Vorfeld unsexy erscheinen, werden sie allerdings nicht fotografiert, fehlen sie dann doch im Nachhinein. Denkt nicht nur an die Familie, sondern macht auch Fotos kleinerer Gruppen wie Schulfreunde, Studienkumpels, Arbeitskollegen etc. So stellt ihr auch ganz nebenbei sicher, von jedem Gast ein schönes Foto zu bekommen.

Cool und stylisch sollen eure Hochzeits-fotos werden? Dann sucht euch einen kreativen Spot für die Portraits!

Bilder: Charmewedd

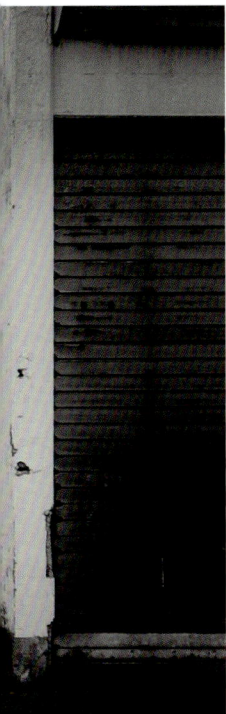

Tipps

Für das Portrait-Shooting

» → Der späte Nachmittag ist der beste Zeitpunkt für das Paar-Shooting, eine gute Stunde reicht in der Regel aus. Solltet ihr mehr Zeit zur Verfügung haben, bietet ein Locationwechsel weitere Motive.

» → Schaut euch vorab mal ein bisschen bei eurer Location um. Wo könnte man Portraits fotografieren? Mauern, Tore, Wege etc. bieten sich an.

» → Gebt euren Gäste die Möglichkeit, euch als Paar und mit ihnen zusammen schön fotografieren zu können.

» → Schwebt euch ein besonderes Motiv für eure Danksagungs-karte vor? Accessoires wie Schilder, Wimpelketten oder Ballons einfach mitbringen.

» → Plant das Gruppenbild als festen Programmpunkt mit ein.

» → Fotos von Ringen, Brautstrauß und Papeterie gehören auch dazu.

» → Falls euch das alles zu stressig werden sollte, bleibt immer noch ein After-Wedding-Shooting! Am Wunschtermin mit bestem Licht und viel Zeit macht ihr dann nachträglich tolle Fotos.

NUR ZWEI.
NUR WIR BEIDE.
IM HIER UND JETZT.
INNEHALTEN.
DASEIN, ZUSAMMEN.

Bilder: Metz Fotografie

Bilder: Hanna Witte Hochzeitsreportagen

Es muss auch nicht nur die eine Location sein, in der ihr shootet. Mit etwas Zeit oder geografischem Glück liegen die Blumenwiese und die alte Industriehalle nah beieinander.

Nutzt beides für abwechslungsreiche Paarbilder. Bestenfalls habt ihr sogar eine Alternative für schlechtes Wetter.

Braut mit Brille? Aber ja! Warum denn nicht? Nutzt sie als Stilelement und stimmt euer Styling darauf ab!

Bilder: OctaviaplusKlaus Wedding Photography

Einzelportraits von Braut und Bräutigam gehören auch zum Fotoshooting. Nur Mut und keine Scheu vor der Kamera!

Ihr seht toll aus und seid glücklich,
das werden richtig tolle Bilder!

SCHÖNER FEIERN. LOCATION & DEKO

Personalisierung wird auch in der Deko großge-schrieben. Eure Initialen eignen sich sehr gut dafür!

Mehrere kleine Sträuße, die miteinander harmonie-ren, haben das typische Blumengesteck abgelöst.

Vielleicht sucht ihr wochenlang gemeinsam nach eurer Hochzeitslocation. Vielleicht ist es sofort klar, wo ihr feiern wollt. Vielleicht ist diese einfach zu buchen, aber vielleicht müsst ihr auch viel Durchhaltevermögen beweisen. Wie

auch immer ihr euch entscheiden solltet, hier werdet ihr mit all euren Gästen die meiste Zeit eures Hochzeitstages verbringen. Hier wird gelacht, geherzt, getanzt und genos-sen. Macht diese Location zu eurem Lieblingsplatz!

Feiert ihr drinnen und draußen? Dann schafft draußen ebenfalls schöne Plätze, an denen sich eure Gäste aufhalten können.

Bilder: Festtagsfotografien

Willkommen!
Hier steigt die Party!

Wie war die Suche nach eurer perfekten Location? Wusstet ihr von vornherein, wo ihr feiern wollt und seid schnell fündig geworden? Oder habt ihr Wochen damit verbracht, euch vom Schloss über das Restaurant bis hin zur Scheune alles anzuschauen?

Nach dem Antrag und dem Rausch der Vorfreude taucht schnell die Frage nach einem Hochzeitstermin auf, der meist unmittelbar an die Verfügbarkeit der Hochzeitslocation gekoppelt ist. Die richtige zu finden kann ganz schön knifflig werden, gilt es doch einige ‚Must-haves' vorab zu klären:

Konzentriert euch anfangs auf die harten Fakten: Mit wie vielen Gästen möchtet ihr heiraten? Feiert ihr im kleinen Kreis mit der engsten Familie und den besten Freunden, oder sollen auch Arbeitskollegen und Vereinskumpel dazukommen können?

Die Struktur der Hochzeitsgesellschaft sollte ebenfalls berücksichtigt werden. Gibt es viele Kinder, ist eine große Fläche zum Toben prima, sind viele ältere Gäste dabei, spielt die Barrierefreiheit eine wichtige Rolle. Schön ist es, wenn alle ausreichend Platz haben und die Tischordnung sowohl Gespräche zulässt als auch den Blick aufs Geschehen ermöglicht.

Reisen viele Gäste von weiter entfernt an, sind Übernachtungsmöglichkeiten bei der Location von Vorteil. Auch ihr als Brautpaar fallt nachts lieber in ein Bett der nahe gelegenen Suite. Alternativ bringen Shuttlebusse oder Sammeltaxen die Gäste zu ihren Unterkünften in der Umgebung.

Habt ihr geografische Präferenzen? Die richtige Location kann theoretisch überall sein. An eurem Wohnort, in eurer alten Heimat, auf der Lieblingsskipiste oder am Strand mit romantischem Sonnenuntergang. Je nach Entfernung verändert sich der organisatorische Aufwand.

Wie stellt ihr euch euren Tag vor, was wird euer Stil sein? Möchtet ihr wie Prinz und Prinzessin ganz elegant heiraten? Mit fester Tischordnung, Blumengestecken, Kerzenlüstern und einem traumhaften Brautkleid samt langer Schleppe?

Oder drehen sich eure Gedanken um ein lockeres Sommerfest mit Barbecue, vielen Lampions und guten Freuden, die bei einem Cocktail auf euch anstoßen und bis in die Morgenstunden unter freiem Himmel tanzen? Findet heraus, welche Stimmung transportiert werden soll!

Fragt ihm Vorfeld die Leistungen ab, die die Location zu bieten hat. Wie wird das Catering und der Service geregelt? Feste Partnerunternehmen sind routiniert, doch passen sie auch zu euren Vorstellungen? Einige Locations kalkulieren mit Gästepauschalen für Menü und Tischgetränke, andere berechnen den tatsächlichen Verbrauch.

Die Organisation des Tages wird um einiges einfacher, wenn Mobiliar und Tischwäsche sowie Personal schon vorhanden sind. Das Hinzubuchen von Hussen, Tischdecken oder besonderen Sitzmöglichkeiten, z. B. einer Lounge im Freien, erhöht die Kosten.

Groß im Trend liegen derzeit ländliche Scheunenhochzeiten. Ein lockeres Fest mit einer langen Tafel, bunten Blumen, Leinen und Spitzenbändern soll es werden. Klingt fantastisch, genauso wie die Variante am einsamen Strand mit Lagerfeuer und Sternenlicht, oder auch der heimische Garten. Be-

denkt nur, dass es doch einiges an Aufwand bedeutet, für vielleicht 50 Gäste an einem Ort die Infrastruktur einzurichten. Sitzgelegenheiten, Strom, Toiletten, jemand, der dafür sorgt, dass genügend Getränke da sind und das Geschirr abräumt. All das trägt dazu bei, dass sich eure Gäste wohlfühlen und einem rauschenden Fest nichts mehr im Wege steht.

Aus dem Vollen schöpfen dürft ihr dann allerdings bei der Dekoration der Location. Räume mit weißen Wänden und zeitlosen Möbeln sind am flexibelsten. Kommen prägnante Farben an Wänden oder ausgefallene Bodenbeläge ins Spiel, greift die Farbpalette mit auf und integriert es in euer Konzept. So entsteht ein Look, der eure Ideen mit der Location vereint und diesen Raum zu eurem Hochzeitsort macht.

Letztendlich gilt auch hier: Nichts muss, alles kann! Denn die Location wird der Ort sein, an dem ihr sehr viele glückliche Stunden erleben werdet. Der Ort, an dem sich alle Menschen treffen, die sich mit euch freuen, mit euch feiern und euch alles Glück der Erde wünschen.

Fühlen sich alle wohl, wird man auch in vielen Jahren noch von eurem Fest schwärmen!

Zart und pastellig mit einem Hauch von Vintage – so wünschte sich das Paar seine Deko. Gelungen!

Bilder: Lea Bremicker Fotografie

Eine ländliche Hochzeit auf einem Hofgut ist der Traum vieler Paare. Bei Sonnenschein unter großen Bäumen sitzen und abends erhellen Lichterketten und Windlichter die Tanzfläche. Viele Wiesensträuße schmücken die Tische und aus Strohballen mit gemütlichen Decken wird eine Lounge zum Sternegucken gebaut.

Pures Hochzeitsglück auf dem Land!

Bilder: Die Hochzeitsfotografen

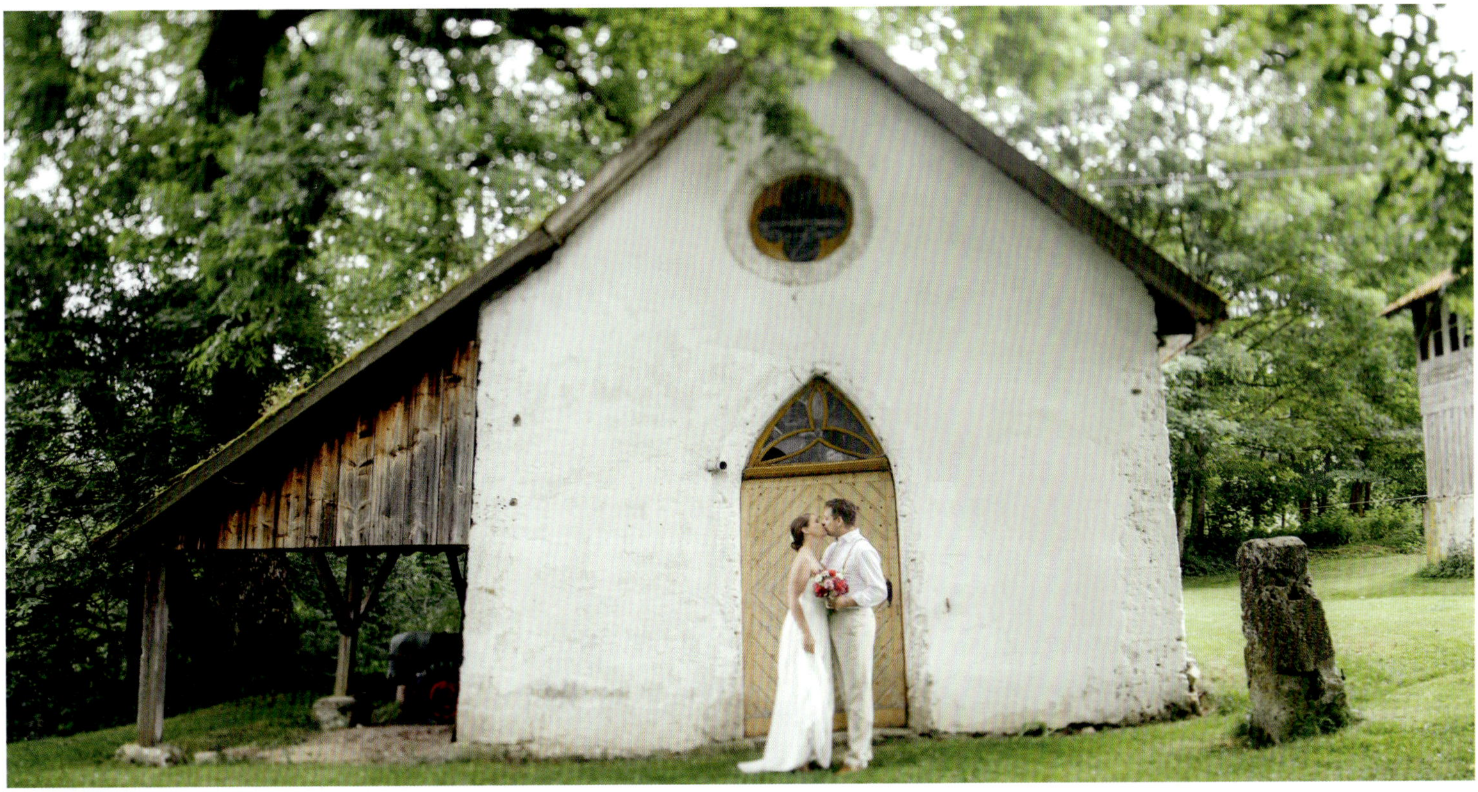

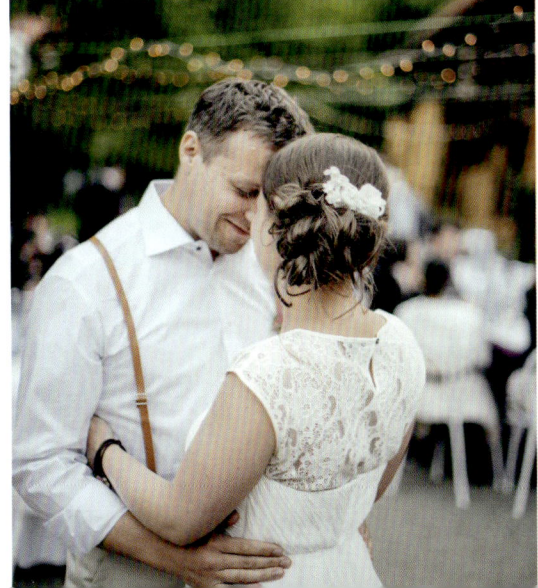

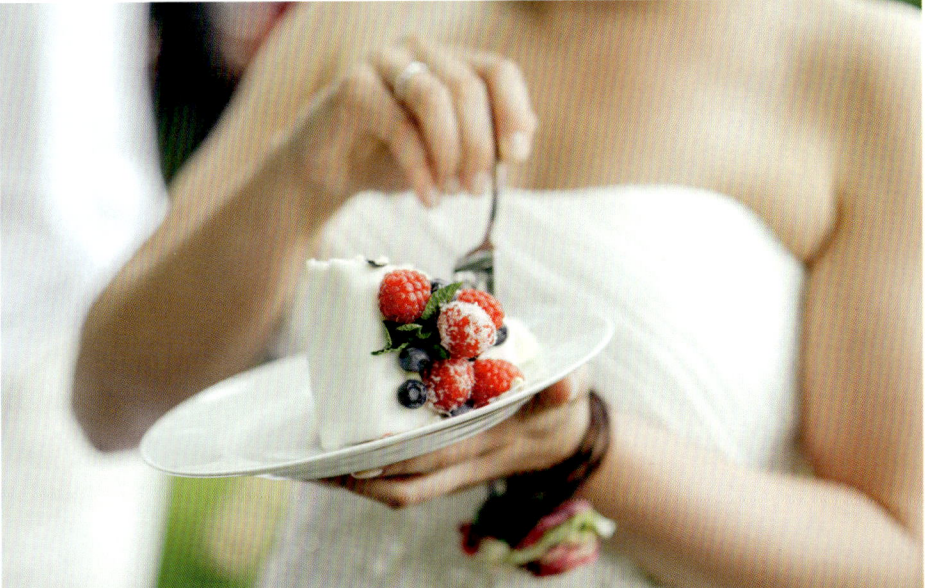

Bilder: Susanne Wysocki Fotografie

Tipps
Für die Locationsuche

→→→ **Eckdaten festlegen**
Wie viele Personen sollen dort feiern können? Passt die Location zu euch und euren Vorstellungen? Welche Termine sind frei?

→→→ **Leistungen abfragen**
Was ist inklusive? Wo entstehen Zusatzkosten, z. B. für Tischwäsche und Stuhlhussen. Wie ist das Catering geregelt? Ist Personal vorhanden? Gibt es eine Sperrstunde?

→→→ **Augen auf!**
Denkt nicht nur an Hotel oder typische Veranstaltungsräume, sondern auch an Orte, an denen ihr euch gerne aufhaltet, oder die euch faszinieren. Oft lohnt eine Anfrage, um eine besondere Location zu finden oder auf ganz neue Ideen zu kommen.

→→→ **Abgeben entspannt**
Wenn ihr nicht weiterkommt und euch nicht um alles kümmern wollt oder könnt, bindet Dienstleister mit ein. Die Profis wissen, worauf es ankommt und „entstressen" sowohl die Suche als auch die Deko oder das Catering.

→→→ **Infrastruktur für Gäste**
Wie weit liegen der Ort der Trauung und die Feierlocation auseinander und wie ist der Transport organisiert? Gibt es Übernachtungsmöglichkeiten für die Gäste und das Brautpaar?

Traditionen sind toll, wenn sie nicht zum Pflichtprogramm werden.

Das Anschneiden der Hochzeitstorte ist nach wie vor ein unvergesslicher Moment, den auch eure Gäste mit Applaus honorieren werden. Hand aufs Herz, wem würde es keinen Spaß bereiten, solch eine hübsche Torte anzuschneiden und zusammen mit anderen süßen Leckereien zu genießen? Eben. Perfekter Hochzeitsnachmittag!

Bilder: Le Hai Linh Photography

Licht und Beleuchtung sind ganz wichtig bei eurer Location! So-lange die Sonne scheint, ist alles fein, aber wie sehen die Räume am Abend aus? Gibt es immer noch eine schöne Atmosphäre?

Kerzen sind immer eine gute Idee und das nicht nur auf den Tischen, sondern auch gerne auf Fensterbänken, am Buffet oder der Bar. Farbige Bodenspots erleuchten die Wände stimmig und setzen Akzente im Hintergrund.

Eure Hochzeitstorte wird am Abend serviert? Dann sorgt da-für, dass auch sie gut sichtbar in Szene gesetzt wird!

Euren Hochzeitstanz möchtet ihr nicht alleine auf der Tanzflä-che absolvieren? An die Gäste verteilte Wunderkerzen erzeu-gen eine ganz besondere Stimmung. Holt alle an die Tanzflä-che und lasst die Funken sprühen!

Bilder: Charmewedd

Lasst euch die Location
auch am Abend zeigen.
Welche Lichtquellen gibt es?
Warme Farbtöne sorgen
für eine angenehme
Stimmung.

Bilder: Lea Bremicker Fotografie

So frisch und leicht kann eine Sommerhochzeit aussehen!

Die fluffigen Pfingstrosen bieten eine herrliche Farbpalette. Pfirsichfarbene Pompons und Kränze mit langen, sich im Wind bewegenden Bändern hängen von der Glasdecke dieser besonderen Hochzeitslocation. Weiße Stuhlhussen und Tischdecken sorgen für einen festlichen Look in legerer Umgebung.

Auch Krawatte und Einstecktuch des Bräutigams, die Kleider der Brautjungfern sowie die Ballons reihen sich in die Farbpalette ein und passen nicht nur zum Brautstrauß, sondern auch zu den Blumen der Tischdeko.

Man muss immer tun,
was man nicht lassen kann.

Johann Wolfgang von Goethe

Bilder: Hanna Witte Hochzeitsreportagen

Kuschlig feiern auf einer Berghütte?

Eine gute Idee – im Sommer wie auch im Winter! Baumaterialen und Einrichtung geben bereits den Alm-Look vor. Unterstreicht ihn durch eine sich harmonisch einfügende Deko wie Karostoffe, Holzanhänger und jahreszeitlich passende Blumen.

Oder ihr entscheidet euch für das Kontrastprogramm mit modernen, schlichten Elementen und zurückhaltenden Farben.

Bilder: Ishtar Najjar Fotografie

Macht euch frei von Erwartungen und Vorstellungen anderer.

Es ist euer Tag.

Projiziert nichts hinein, was nicht zu euch passt. Es geht einzig und allein darum, ihn für euch zu etwas Einzigartigem zu machen.

Bilder: Metz Fotografie

DIY. EINFACH SCHÖNER SELBST GEMACHT

Individuelle Fadenkuverts beherbergen einzigartige Schätze: die Lieblingshochzeitsfotos!

Selbst geformt und eingefärbt: Federn zieren Gastgeschenke und Servietten.

DIY – Do it yourself ist schon lange in allen Bereichen des Lebens ein großer Trend. Ob selbst gekocht, selbst geschreinert, selbst gepflanzt, gestrickt oder genäht. Selbst ist die Frau und es wird gewerkelt, bis es genauso aussieht, wie man es gerne haben möchte. In der Wunschfarbe natürlich. Hallo Individualisierung, je persönlicher, desto besser. Der Spaß am Projekt ‚Das hab' ich selbst gemacht' ist garantiert und der Kreativität sind keine Grenzen gesetzt.

Zum Downloaden der Druckvorlagen einfach unter www.busse-seewald.de/downloadcenter einloggen, den Code von S.160 eingeben – und schon kann's losgehen!

Ganz klar, Selbstausgedachtes und -gemachtes passt auch hervorragend zur Hochzeit. Ehe man sich versieht, findet man sich in einem Dschungel aus Ideen, Anleitungen und Bastelartikeln wieder.

Doch Obacht, all die Möglichkeiten treiben einen schier an den Rand der Verzweiflung, denn zwischen Heißklebepistole und Nähmaschine will man doch eigentlich die Vorfreude auf die Hochzeit genießen, oder?

Um dem DIY-Burnout zu entgehen, empfiehlt es sich, auch hier klare Prioritäten zu setzen. Was kann wann wie selbst gebastelt werden und was gibt man besser in die Hände von Profis bzw. kauft es fertig ein?

Nehmt pro Themenfeld wie Papeterie, Deko oder Gastgeschenke maximal ein bis zwei DIY-Ideen in Angriff und achtet darauf, dass sich diese auch ohne besondere Kenntnisse leicht umsetzen lassen.

Auch bei der Wahl des Materials gilt es abzuwägen. Papier ist nicht nur geduldig, sondern auch preiswert und einfach zu bearbeiten. Wer mit Stoffen umgehen kann, näht etwas Schönes, wer gerne mit Blumen arbeitet, steckt einen Blütenkranz. Auch bei der Hochzeit muss man nicht zum Allround-Talent werden!

Auf den folgenden Seiten findet ihr daher zehn hübsche Ideen zum Nachbasteln. Für einige Projekte sind Vorlagen hinterlegt, die man einfach herunterladen und ausdrucken kann. Einfacher geht's kaum! Und nun ran an die Scheren und viel Spaß beim Basteln!

Save-the-Date-Abreißkalender

Ihr habt einen Hochzeitstermin gefunden und wollt euer Glück nun schnellstmöglich mit Familie und Freunden teilen? Dann nichts wie raus mit einer Save-the-Date-Karte, denn schließlich sollen ja all eure Lieben auch Zeit am Tag eurer Hochzeit haben.

Details wie Ort der Trauung und Feier, Zeitplan und Übernachtungsmöglichkeiten gehören allerdings erst in die Einladung, die ihr am besten ca. drei Monate vor der Hochzeit versendet.

Eine Save-the-Date-Karte dient der Reservierung des Termins, und kann gerne schon zehn Monate im Voraus versendet werden. Diese Botschaft kommt wie ein Abreißkalender daher. Auf jedem Kalenderblatt steht eine kurze Information:

Name, Datum und ein Gruß – das war's schon!

Alle Blätter sind perforiert, werden aufeinandergelegt und festgetackert, graues Tonpapier dient als Untergrund. Mit einem Bändchen und einem Anhänger verpackt ihr das Bündel liebevoll. Aus einem farblich abgestimmten Tonpapier bastelt ihr ein passendes Kuvert.

Die Kalenderblätter lassen sich im Textverarbeitungsprogramm leicht selbst gestalten. Das Format beträgt 9 x 10 cm, die Schriftart heißt Typo Latin Serif.

Das gibt's zu tun:

Gestaltet die einzelnen Kalenderblätter im Textverarbeitungsprogramm, druckt und schneidet sie aus. Mit einem Zackenrad bringt ihr die Perforation an. Legt die Blätter nun übereinander und tackert sie auf einer Karte aus Tonpapier fest.

Wenn alles ins Kuvert gepackt ist, geht die Post an eure Gäste und die Vorfreude ist garantiert!

Zeitaufwand pro Set: ca. 25 Minuten

Das gibt's zu tun:

Sucht eine Glas-Cloche aus und besorgt Reisigzweige sowie blühende Zweige. Außerdem benötigt ihr eine Schere, Draht, Kleber, Fixierknete (Blumenhandel) und Seidenband.

Die Reisigzweige zuerst in die passende Länge bringen und dann mit dem Draht fest zu einem Bündel verschnüren. Zwei dickere Zweige werden quer durch das Bündel gesteckt. Die herausstehenden Enden umwickelt ihr mit Seidenband, die Enden festkleben. Anschließend einzelne kleine Blüten in das Bündel stecken.

Eine Kugel Fixierknete hält das Reisigbündel auf dem Boden der Cloche, sodass es frei stehen bleibt.

Zu guter Letzt die Cloche mit blühenden Zweigen, z. B. von Wachsblumen, dekorieren. Jetzt nur noch die Ringe dranhängen, fertig.

Zeitaufwand: ca. 30 Minuten

Blühende Glas-Cloche für eure Ringe

Zugegeben, ein Ringkissen ist nicht wirklich lange im Einsatz. Kurz vor der Trauung nimmt es die Schmuckstücke in Empfang und schon während der Zeremonie muss es sie wieder hergeben.

Doch selbst für diese kurze Zeit haben es eure Ringe doch verdient, einen würdigen Platz zu bekommen, oder? Einen, der auch gerne zur sonstigen Hochzeitsdekoration passt.

In dieser Glas-Cloche warten eure Ringe am Altar oder Trautisch auf euch. Sie ist ein echter Hingucker und macht auch gleich jedes Standesamt ein bisschen festlicher.

Die Blütenzweige umspielen das gläserne Gehäuse und bleiben einfach an ihrem Platz, wenn ihr es hochhebt, um die Ringe herauszunehmen.

Wie von einem Bäumchen pflückt man sie und für immer und ewig werden sie ein Symbol für eure Liebe sein. Woran denkt ihr zukünftig bei blühenden Bäumen im Frühling?

Welcome Bag für eure Gäste

Sicher haben einige eurer Hochzeitsgäste einen weiteren Weg und reisen am Tag vor der Hochzeit schon an. Andere wohnen vielleicht ganz in der Nähe, gönnen sich aber eine Übernachtung im Hotel, um ausgelassen feiern zu können.

Mit dieser Überraschung heißt ihre eure Hochzeitsgäste im Hotel willkommen. Auf der ‚Keep calm and marry on-Postkarte' könnt ihr einen persönlichen Willkommensgruß hinterlassen und vermerkt noch einmal Treffpunkt und Uhrzeit für das Get-together am Vorabend.

Zwei Schokoladentafeln in einer kreativen Verpackung begrüßen die Gäste. Sie versüßen die Wartezeit und beruhigen aufgeregte Nerven gleichermaßen. Auch die Wasserflasche erhält ein personalisiertes Label mit euren Initialen und dem Hochzeitsdatum. Erstellt es euch einfach im Textverarbeitungsprogramm selber.

In dem kleinen Tütchen versteckt ihr Helferlein für den Morgen danach: Kopfschmerztabletten, Pfefferminzbonbons und kühlende Augenpads für vom Feiern strapazierte Lider.

Freebie

Schokoladenverpackung, Postkarte und Label für die Tüte gibt's als Download unter www.busse-seewald.de/ downloadcenter

Das gibt's zu tun:

Die Vorlagen herunterladen und ausdrucken. Das Flaschenlabel mit euren Namen erstellt ihr fix selbst, die Schriftart lautet St. Marie und kann bei www.fontsquirrel.com heruntergeladen werden.

Besorgt Schokoladentafeln in Alufolienverpackung, Wasserflaschen, Kopfschmerztabletten, Pfefferminzbonbons sowie Augenpads in der Anzahl eurer Gäste.

Nun alles hübsch verpacken, die Tütchen befüllen und einen Gruß schreiben. Deponiert das Päckchen im Hotelzimmer und überrascht eure Gäste!

Zeitaufwand pro Set: ca. 15 Minuten

All you need is Love

Das gibt's zu tun:

Die Vorlagen herunterladen und auf festerem DIN A4-Papier (150 g/m²) ausdrucken. Danach die Wimpel ausschneiden und das obere Ende gleichmäßig einschlagen, sodass ein ca. 2 cm breiter Rand entsteht. Diesen um ein dünnes Holzstäbchen (Baumarkt) wickeln und mit Flüssigkleber befestigen.

Bindet anschließend Seidenbänder an den Stäbchen fest und hängt die Wimpel z.B. an den Stühlen des Brautpaares auf. Auch am Geschenketisch machen sie sich prächtig!

Besonders stimmig sehen sie mit wehenden, farblich passenden Bändern aus Krepppapier aus.

Zeitaufwand: ca. 30 Minuten

Dekohighlight:
Hochzeitswimpel

Diese Wimpel aus Papier sind nicht nur schnell gemacht, sondern auch vielfältig einsetzbar.

Der Fokus der Dekoration liegt zwar zurecht auf den Tischen, aber denkt auch an Nebenschauplätze wie Geschenketisch, Kuchenbuffet oder Eingangstüre.

Richtig rund wird's, wenn ihr mehrere Details kombiniert und z.B. auch die Stühle bei der Trauung oder in der Location zum gesamten Konzept passen.

Anstatt eines aufwendigen Blumenschmucks kommen diese Wimpel aus Papier ins Spiel. Lässig hängen sie beispielsweise an den Lehnen der Stühle. Lockere Seidenbänder oder Streifen aus Krepppapier umflattern sie und machen schnell klar: Hier sitzt das Brautpaar!

Einfach überall schön: Blumenkränzchen

Richtig aktuell und voll im Trend ist ein locker gesteckter Kranz aus Blüten im Haar der Braut. Ein bisschen Hippie, ein bisschen Bohemian, auch gerne ein wenig Vintage – je nach Auswahl der Blüten und eingearbeiteten Accessoires, z. B. farbige Seiden- oder filigrane Spitzenbänder, passt er zu vielen Hochzeitsstilen.

Kleine Kränzchen machen auch Blumenkinder glücklich. Wer sie nicht als Kopfschmuck tragen möchte, bekommt ein Blütenband am Arm.

Als Girlande gebunden schmücken die Blüten auch gerne Hochzeitstische, Türrahmen oder die Stühle des Brautpaares.

Blumenkränze sind nicht kompliziert zu binden, benötigen aber ein bisschen Übung. Daher unbedingt vorher schon mal zur Probe basteln!

Das gibt's zu tun:

Für einen kleinen Blumenkranz für Kinder benötigt man (je nach Größe) ca. 30 Stängel Blumen plus Gräser. Zudem Silberdraht und einen breiteren Blumendraht zum Umwickeln bereitlegen, Schere und Messer ebenso.

Die Stängel auf eine Länge von ca. 10 cm kürzen. Das erste Blütenbündel (Wicken, Hypericum, Wachsblume, Kalanchoe und Eukalyptus) mit Silberdraht am breiteren Draht befestigen. Nach und nach weitere Blüten dazubinden und mit Silberdraht fixieren. Dabei darauf achten, dass eine schöne Mischung entsteht.

Am Ende der so gebundenen Girlande einen Haken formen und den gesamten Strang vorsichtig zu einem Kranz biegen, an den Enden zusammenbinden.

Zeitaufwand: ca. 50 Minuten

Schön praktisch: Designpostkarte für das Hochzeitsprogramm

Den Zeitpunkt der Trauung haben sich eure Gäste bestimmt gemerkt, denn meist ist dies der offizielle Start der Hochzeit. Danach kommt die Gratulation und der Empfang. Oder doch erst die Fahrt zur Location? Wie war die Adresse noch mal?

Der Ablauf eures Hochzeitstages wird euch schon in Fleisch und Blut übergegangen sein, doch denkt auch daran, eure Gäste darüber zu informieren, wann es wo weitergeht.

Ideal ist ein übersichtliches Programm, das bei der Trauung auf den Plätzen ausliegen kann. Darauf vermerkt sind die wichtigsten Eckpunkte und Adressen des Tages: Trauung, Empfang, Location, Torte, Gruppenfoto und Dinner. Vielleicht sogar noch einen Ansprechpartner nebst Telefonnummer für alle Fälle.

Das Hochzeitsprogramm lässt sich prima mit einer hübschen Karte, die die Gäste als Andenken mit nach Hause nehmen können, und einem Tütchen Konfetti zum Werfen verbinden.

Sieht schön aus und ist richtig praktisch!

Freebie

Die Designpostkarte gibts zum Download unter www.busse-seewald.de/downloadcenter

Das gibt's zu tun:

Die Vorlage herunterladen und ausdrucken. Auf der Rückseite vermerkt ihr den groben Tagesablauf.

Befüllt kleine Tütchen mit Konfetti aus Seidenpapier (selbst ausgeschnitten oder wie hier über www.ohsopretty.de bestellt) und legt beides auf den Sitzplätzen der Gäste bei der Trauung aus.

Zeitaufwand: ca. 15 Minuten

Macht kleine Gäste glücklich: Hochzeitsmalbuch

Um kleine Gäste bei der Hochzeitsfeier bei Laune zu halten, ist eine Spielecke oder eine spezielle Kinderbetreuung perfekt. Die Zeit bis zum Abendessen vertreibt man sich am besten mit einer kleinen Überraschung.

Ein Hochzeitsmalbuch mit Malvorlagen, Rätseln und einem Flieger zum Nachbasteln kommt da gerade recht. Es liegt auf dem Platz des Kindes und wartet mit Malstifte und einer Kleinigkeit zum Naschen auf den jungen Gast.

Spätestens beim Basteln des Flitterwochenfliegers wird sich herausstellen, wie viele Kinder wirklich anwesend sind, denn sicher wird der ein oder andere Papa fleißig falten. Beim abschließenden Flugwettbewerb wollen alle nur gewinnen!

Freebie

Das Malbuch gibt's als Download unter www.busse-seewald.de/downloadcenter

Für die kleinen Gäst...

Zum Ausmalen, Rätseln und Falten

Für Malu

033891
www.spielefebric.de

SPASS

Das gibt's zu tun:

Alles ganz einfach: Vorlage herunterladen und ausdrucken. Ein Klemmbrett hält das Ganze zusammen, eine Hülle aus Tonpapier sieht sicher auch schön aus.

Malstifte und Süßigkeiten in einem Papiertütchen dazupacken, außerdem ein Namensschildchen des Kindes anbringen.

Zeitaufwand pro Set: ca. 15 Minuten

Das gibt's zu tun:

Ihr benötigt lufttrocknende Modelliermasse, die gewünschte Silikonform (Backzubehör) sowie handelsübliche Sprühfarbe aus der Dose.

Aus der Masse knetet ihr eine ca. 0,5 cm dünne Scheibe und presst diese in die Silikonform. Löst sie vorsichtig heraus und schneidet die Ränder gegebenenfalls mit dem Cutter nach. Streicht die Kanten mit den Händen glatt und lasst die Federn ca. 12 Stunden trocknen.

Die Federn anschließend mit der Sprühfarbe einfärben und erneut gut trocknen lassen (ca. 4 Stunden).

Zeitaufwand für 20 Federn:
ca. 45 Minuten zzgl. Trockenzeit

Tischdeko oder Gastgeschenk: Federn aus Modelliermasse

Man nennt es im Fachjargon ‚Key Visual', letztendlich ist es schlicht ein Hingucker, ein stilistisches Element, das sich durch die Hochzeitsdeko zieht und einen Wiedererkennungseffekt auslöst.

Sucht euch ein Muster, eine Farbpalette, oder ein Symbol, das ihr in der Deko und der Papeterie nutzt. Ein Herz ist bewährt, Blumen sind nach wie vor schön, aber auch moderne oder gar geometrische Formen können zum Einsatz kommen.

Eine Liebe, leicht wie eine Feder und ebenso perfekt, könnte das Motto dieser Hochzeit sein. Diese Federn fehlen keinem Vogel, denn sie wurden aus Modelliermasse geformt und zieren nun als Anhänger die Gastgeschenke.

In der Tischdekoration lassen sie sich ebenso gut einsetzen, z.B. wenn sie an Zweigen herunterhängen oder mit einem Band an der Serviette befestigt sind.

Das gibt's zu tun:

Auf der Einkaufsliste stehen: kleine Reagenzgläser mit Korkverschluss, Kräutermischung, rosafarbenes Papier (80 g/m²), Bakers Twine in Rosa-Weiß, Nietenzange und Nieten.

Anhänger auswählen, gemeinsam mit der Banderole herunterladen, Menü ergänzen und auf rosafarbenem Papier ausdrucken.

Die Servietten mit der Menükarte in Banderolenform umschlingen und mit einer Niete fixieren.

Nun die Kräutermischung in die Reagenzgläser füllen, mit Korken verschließen und den Anhänger mit Bakers Twine befestigen.

Zeitaufwand pro Set: ca. 15 Minuten

Menü-Banderole mit würzigem Gastgeschenk

Papier ist ein einfach zu bearbeitendes und preiswertes Material, mit dem ihr eurer Hochzeit leicht eine persönliche Note geben könnt. Sucht euch eine Farbpalette aus und los geht's!

Menükarten interessieren Gäste immer sehr, schließlich freut man sich auf ein leckeres Dinner und einen gelungenen Abend. Als Banderole umschlingt sie die Serviette am Platz eines jeden Gastes.

Das Reagenzglas enthält, passend zum Frühlingsmenü, eine Mischung aus getrockneten Kräutern. Alternativ könnt ihr auch ein Gewürzsalz selbst mischen.

Eure Gäste werden sich sicherlich über die kleine Aufmerksamkeit freuen und beim Kochen an euch denken, wenn sie ihr Gericht mit einer extra Prise Liebe würzen.

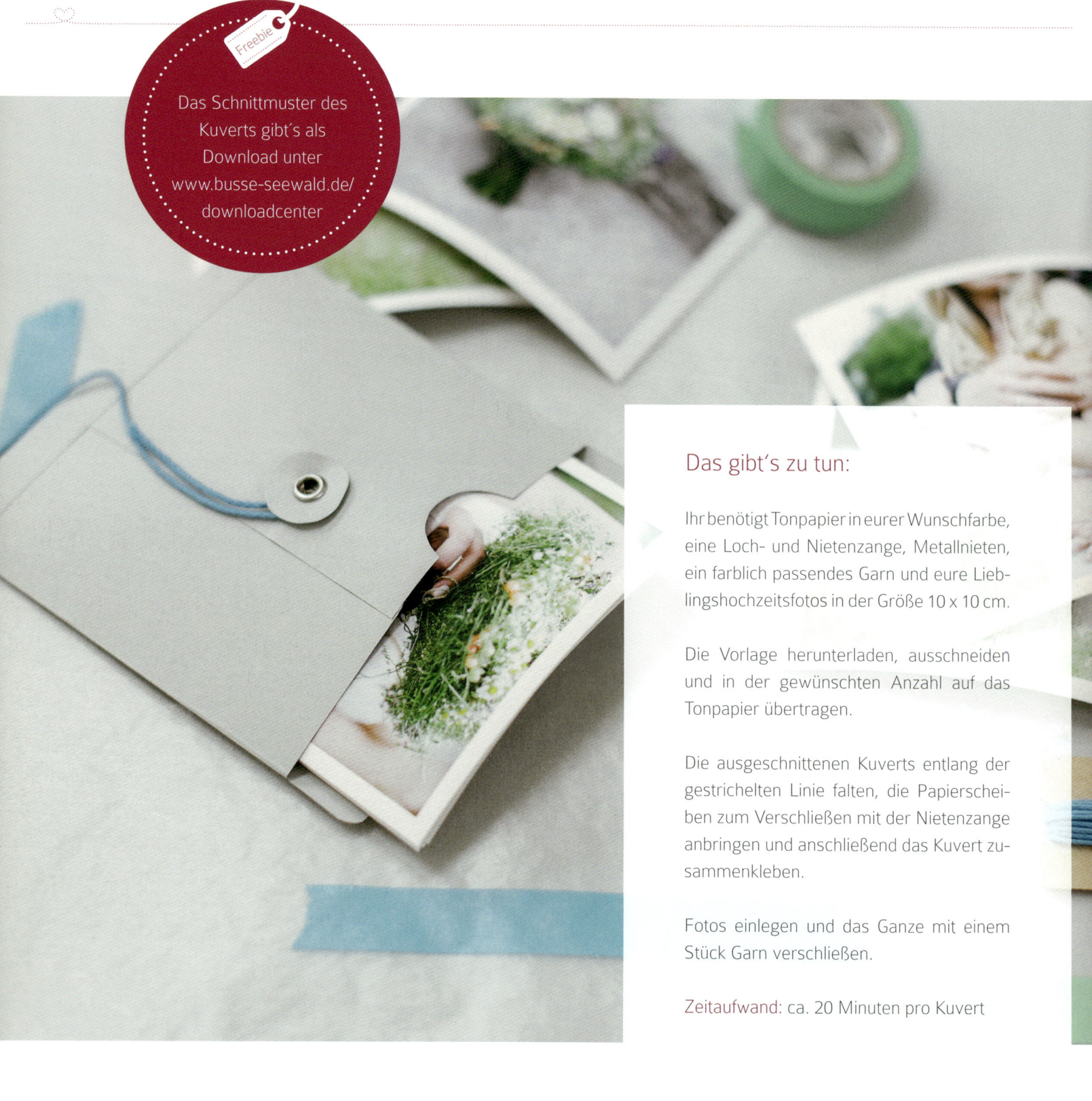

Freebie

Das Schnittmuster des Kuverts gibt's als Download unter www.busse-seewald.de/downloadcenter

Das gibt's zu tun:

Ihr benötigt Tonpapier in eurer Wunschfarbe, eine Loch- und Nietenzange, Metallnieten, ein farblich passendes Garn und eure Lieblingshochzeitsfotos in der Größe 10 x 10 cm.

Die Vorlage herunterladen, ausschneiden und in der gewünschten Anzahl auf das Tonpapier übertragen.

Die ausgeschnittenen Kuverts entlang der gestrichelten Linie falten, die Papierscheiben zum Verschließen mit der Nietenzange anbringen und anschließend das Kuvert zusammenkleben.

Fotos einlegen und das Ganze mit einem Stück Garn verschließen.

Zeitaufwand: ca. 20 Minuten pro Kuvert

Fadenkuvert für eure Fotos

Das rauschende Fest ist vorbei, die Torte gegessen, Kleid und Anzug hängen im Schrank. Droht der After-Wedding-Blues? Nein! Denn ihr habt ja nicht nur euch beide, sondern auch viele fantastische Fotos eures Tages!

Sicher ist es auch für eure Familie und eure Freunde eine hübsche Überraschung, wenn sie ein Päckchen mit schönen Erinnerungen in den Händen halten.

Damit die Fotos nicht einfach nur der Danksagungskarte beigelegt werden, bekommen sie eine schicke Verpackung: ein sogenanntes Fadenkuvert.

Das sieht nicht nur elegant aus, sondern hat auch den Vorteil, dass man es beliebig oft öffnen und verschließen kann. Ein attraktives Zuhause für die Lieblingshochzeitsbilder!

INSPIRATION PUR. STYLED SHOOTS

Auf Wolke sieben ist es besonders schön: Einfach mal im Brautkleid schweben!

Funkelnder Schnee und glitzerndes Gold ergeben eine berauschende Kombination!

Was passiert, wenn man eine Handvoll kreative Hochzeits-experten einfach mal machen lässt, worauf sie Lust haben? Sie Ideen entwickeln und diese gekonnt in Szene setzen lässt? Die Antwort lautet: ein Styled Shoot! Nichts anderes als eine Spielwiese, auf der man einfach mal die Hochzeits-konzepte realisieren kann, die man Paaren schon lange mal zeigen wollte. Also, lasst euch inspirieren von diesen traumhaft schönen Welten!

Der Industrial-Look stand im ersten Shooting im Vordergrund. Ein Konzept für Paare, die einen eigenen Stil haben und nicht von rosa Blümchen träumen. Dafür gefällt ihnen ein modernes, rustikales Interieur im Industriestil. Derbe Holztische, Beton, viele Gräser und Zweige und ein Brautstrauß mit vielen Grünpflanzen. Dazu kombiniert wird ein schlichtes Kleid aus Seidentüll oder doch der feminine Hosenanzug?

Mit kräftigen Farben punktet das ‚Radiant Orchid'-Shooting über den Dächern Münchens. Orchideen in den schönsten Pink- und Lilatönen reihen sich in glühbirnenähnlichen Vasen aneinander und schweben über dem Brauttisch. In der Papeterie wird die Palette um Schwarz erweitert und gekonnt mit vielfältigen Mustern kombiniert.

Klassisch, aber nicht langweilig, sondern fluffig geht's im ‚Wolke 7'-Shooting zu. In einem eleganten Ambiente trifft das Konzept auf frische Kontraste und bringt mit vielen Wölkchen in der Papeterie und der Deko eine gewisse Leichtigkeit mit. Sogar das selbst gemachte Ringkissen und die Gastgeschenke schweben nur so dahin.

Kuschlige und glitzernde Ideen gibt es beim Thema ‚Winterliebe' zu entdecken. Rosa und Gold in einer verschneiten Berghütte – was für eine Kombination! Dazu gemütliche Zweisamkeit mit heißer Schokolade aus Herztassen und einer hinreißenden Torte. Perfekt!

Die Gefühle der Hochzeit am ersten Hochzeitstag erneut zu erleben, die Liebe zu spüren und dabei dem Liebsten ein Geschenk zu machen: Mit einem sinnlich zarten After-Wedding-Shoot gelingt dies spielerisch. Lasst euch verführen von feiner Spitze und der schier unendlichen Freiheit am Morgen des ersten Hochzeitstages!

Urban & industrial

Erwachsen, schick und stylisch soll diese Hochzeit sein. Das Brautpaar mag das Urbane, den eher coolen, modernen Stil einer Großstadt. Derbes Holz, Leder und Beton sind die Bausteine dieses Looks.

Die Farbpalette beinhaltet Grüntöne in allen Schattierungen. Sie mischen sich mit dem Braun der selbst gemachten Serviettenringe aus Leder und dem robusten Grau von Sichtbeton. Zusammen mit einem schlichten Hellblau und einigen Akzenten in Kupfer wirkt diese Hochzeit überraschend elegant.

Blumen werden von Grünpflanzen abgelöst, Kräuter, Farn und Gehölze bilden ein ungewöhnliches Ensemble, harmonieren aber großartig miteinander. Einzig die fluffigen grünen Nelken reihen sich in Brautstrauß und Tischgesteck mit ein. Habt ihr die blauen Disteln gesehen? Ein echter Hingucker, oder?

Viele Kerzen sorgen für eine gemütliche Stimmung in der Location. Sie können in einfachen Gläsern überall als Grüppchen aufgestellt werden. Auf den Tischen sorgen einige Teelichtgläser mit farblich abgestimmten Mustern für Auflockerung.

Mit Beton wird gespielt. Die Wand der Location hat dieses Element vorgegeben, leere Bilderrahmen sind eine puristische Dekoration und lassen den anderen Details den Vortritt. Sehr ungewöhnlich ist auch das Ringkissen: Aus Beton gegossen und mit den Initialen des Paares individualisiert, erinnert es auch in Jahren noch an den Hochzeitstag.

Die Papeterie bringt mit Farbigkeit, Font und den grafischen Elementen ein bisschen Leichtigkeit ins Spiel. Ihr Design zieht sich wie ein ‚blauer Faden' durch Einladung, Menü- und Barkarte. Anhänger und runde Aufkleber personalisieren die kleinen Weckgläser, die farblich passende Bonbons für die Gäste bereithalten.

Und die Braut? Ihr Styling ist das einer Frau, die mit beiden Beinen im Leben steht und Spaß an der Mode hat. Das Make-up ist strahlend schön, aber natürlich. Ein Prinzessinnenkleid wird man hier vergebens suchen, dafür aber ein gerade geschnittenes Brautkleid aus wunderbarer Seide mit ein bisschen Spitze im Oberteil. Weich und fließend fällt es und bewegt sich so herrlich beim Laufen.

Oder doch lieber auch im Outfit ein Statement setzen? Dann ist der weiße Hosenanzug, der mit einem farbigen, schmalen Gürtel akzentuiert wird, genau das Richtige. Ein Faszinator im Haar macht den Braut-Look perfekt!

Konzept & Styling: Fräulein K sagt Ja
Bilder: Katja Heil Fotografie
Location: Purino, Karlsruhe
Brautmode: kuessdiebraut
Haare & Make-up: ZIMT Make-up

Papeterie: Herzlichst
Floristik: Die Kathe
Bonbongläser: meinbonbon.de
Ringkissen: mhoch3

Die Serviettenringe sind aus Lederimitat selbst gemacht. Dafür einfach einen 4 cm breiten Streifen schneiden und die Schlaufe mit zwei Lochnieten fixieren.

Ein Ringkissen muss nicht immer kuschlig weich oder aus Stoff genäht sein. In diesem Konzept finden die Ringe in einem Betonkissen ihren Platz, das eurem Schmuck auch nach der Hochzeit ein Zuhause bietet.

Tipp: Schaut euch nach besonderen Erinnerungsstücken um. Gibt es ein schönes Schälchen oder eine kleine Schachtel, die ihr gerne mögt? Auch das kann eine schöne Aufbewahrungsmöglichkeit für eure Ringe sein.

Mit Teelichtern kann man leicht einen Bogen zum Farbkonzept schlagen. Schlichte, gläserne Kerzenhalter werden mit bunt gemusterten Papieren zum Hingucker und lassen sich auch prima selbst basteln.

Pink und Lila in den schönsten Tönen:
Radiant Orchid

Die Nummer 18-3224 klingt nicht wirklich nach Hochzeit, doch sie steht für eine besondere Farbe: Pantone Radiant Orchid.

Ein satter, kräftiger und warmer Lilafarbton, der vor Leben und Energie strotzt und sich ganz prima mit einer Palette aus weiteren Pinktönen und Lilanuancen versteht. Diese Farbkombination plus ein bisschen Schwarz als Kontrast war die Konzeptgrundlage für dieses Shooting, das im modernen Münchner Upside East entstand.

Direkt ins Auge sticht die ungewöhnliche Blumendeko, die in kleinen Vasen im Reagenzglas- oder Glühbirnenlook über dem Tisch schwebt. In den Gefäßen stehen einzelne Blüten wunderschöner Orchideen, Callas und Pfingstrosen.

Die Papeterie und Tischdekoration bleiben im Gegensatz zur opulenten Farbpracht sehr geradlinig und klar, bringen aber auch einen Hauch asiatischer Exotik mit ein. Verschiedene Muster in Schwarz oder Violett werden mit einer schlichten, eleganten Schriftart kombiniert. Auch bei den Gastgeschenken setzt sich der lila Faden fort. Die feine Schokolade bekommt eine passende Banderole mit Namen und Dankesgruß für die Gäste. Schwarz-weiß gestreifte Papiertüten mit frischem Popcorn sind ein Hingucker auf dem Dessertbuffet.

Konzept: Hochzeitskonzept
Bilder: Ishtar Najjar Fotografie
Papeterie: Ephemeres
Location: Upside East, München
Brautmode & Schuhe: Flamenco Brautmoden
Accesoires, Haare & Make-up: Schönmich
Deko & Floristik: Aschwin Florales Design
Möbel- & Tafelservice: Different

Seidenblumen
sind nicht nur als modisches
Accessoire am Brautkleid
einsetzbar, sie eignen sich
auch hervorragend für einen
Blütenkranz in der
Brautfrisur.

Eckiges Geschirr, Essstäbchen und Leinenservietten liegen am Platz der Gäste bereit. Die kleine schwarze Schachtel mit violetter Banderole beinhaltet das Gastgeschenk.

In den gestreiften Papierzylindern befindet sich frisches Popcorn, das als salzige Variation auch prima zum Aperitif gereicht werden kann!

Spiel mit Formen und Farben. Unterschiedliche Musterpapiere im Rahmen der Farbpalette ergeben ein neues Ganzes, das sich auf alle Bereiche des Hochzeitskonzeptes übertragen lässt.

Farbakzent beim Braut-Outfit gewünscht? Seidenbänder und -blüten lassen sich gut einfärben und zusammen mit dem Brautstrauß wird's phänomenal!

Wer sagt, dass Blumen immer auf den Tischen stehen müssen? Die hängenden Glasvasen im Reagenzglas- und Glühbirnen-Look sind eine tolle Alternative zu den kleinen Sträußchen und kreieren ein hängendes, florales Kunstwerk.

Die knalligen Pink- und Lilatöne der Orchideen, Callas und Pfingstrosen setzen sich sogar in den Vasen fort. Das Wasser wurde farblich passend eingefärbt.

Mit solch einer Konstruktion lässt sich auch der Tisch des Brautpaares besonders in Szene setzen! Auf den Gästetischen finden sich kleine Väschen mit den gleichen Blüten.

Klassisch trifft luftig und liebevoll.
Komm mit auf Wolke 7!

Eine wunderschöne, alte Villa eines Weinguts in der Pfalz war Inspiration und Location gleichermaßen für dieses Shooting. Hohe Räume, edles Parkett, Kassettentüren und große Fenster. Ein ziemlich perfekter Ort für eine Hochzeit in einem klassischen Ambiente.

Doch kein silberner Kandelaber ziert die Tische, sondern ein lockeres Arrangement aus einem Olivenkranz, Rosen, Limetten und Grasbällen treffen auf Stumpenkerzen im schlichten Halter. An jedem Platz wartet eine Tulpe im Glas auf die Gäste.

Locker und fluffig sollte die Deko sein. „Komm mit auf Wolke 7!" war das Motto, das auch in der Papeterie aufgegriffen wurde. Wolkenränder zieren Menü- und Tischkarte und auch die Einladung ist wie eine Wolke zum Aufklappen gestaltet.

Kleine Wölkchen finden sich auch in zwei DIY-Ideen wieder: dem Ringkissen und dem Wolkenvorhang aus Wattebällchen, der sich hervorragend als Fotohintergrund für Gruppenbilder oder die Photo Booth eignet.

Frei und unkompliziert wirkt auch das Styling der Braut. Ein gesteckter Knoten im ‚undone' Look, den eine Blüte ziert. Das Brautkleid ist schlicht gehalten. Das mit Spitze gearbeitete Bustier und der gerade, leicht glockige Rock sind fein und edel. Es passt zur Location und dem frischen Konzept.

Konzept & Styling: Fräulein K sagt Ja
Bilder: Katja Heil Fotografie
Location: Weingut von Winning, Deidesheim
Floristik: Floristikhandwerk Christiane Kirchbaum
Brautkleid: Kisui

Haare & Make-up: Schminkraum
Model: Sarah Jeannine
Papeterie: Project Pinpoint
Gastgeschenke: Schöner Tag noch!

Das Ringkissen ist ein kleines DIY, das sich einfach anfertigen lässt. Aus weißem Leinenstoff werden zwei gleichförmige Wölkchen zugeschnitten. Mithilfe von aufbügelbarem Saumband werden die Stoffe zusammengebügelt und vorab mit Füllwatte ausgestopft. Das Samtband ist mit einigen Stichen schnell angenäht und hält die Ringe an ihrem Platz.

Das Brautkleid bildet ebenfalls einen feinen Kontrast zum klassischen Ambiente. Es ist schlicht und dennoch raffiniert mit dem Bustier aus französischer Spitze.

L'amour n'est pas seulement un
sentiment, il est un art aussi.

Honoré de Balzac

Um den klassischen Stil der Location aufzulockern, wurde kein elegantes Blumengesteck in der Mitte des Tisches platziert. Eine lose Gruppe aus Dekoelementen erzeugt Spannung auf den Tischen: Graskugeln, ein Kranz aus Olivenblättern, weiße Rosen, Limetten und schlichte Kerzenhalter mit kleinen Stumpenkerzen bilden das Herzstück der Tischdekoration.

Dazu gesellen sich die Menükarten auf einer kleinen Staffelei, die Platzkarten mit den Namen der Gäste und das Gastgeschenk: selbst gemachte Kokosbällchen.

Dieses Gastgeschenk lässt sich prima vorbereiten: Kokosbällchen aus weißer Schokolade und Löffelbiskuit. Das Rezept hierzu gibt's auf www.schoenertagnoch. blogspot.de

Den Stühlen gebührt hier ein ganz besonderes Augenmerk: die sogenannten ‚Ghost Chairs' lockern das klassische Ambiente der Villa auf und sorgen für Leichtigkeit und Transparenz. Die Plätze des Brautpaares werden, passend zur Tischdekoration, mit Kränzen aus Olivenzweigen und Chiffon-Bändern verziert, die locker herunterhängen.

Wie Diamanten in der Sonne ...
Winterzauber in der verschneiten Hütte.

Draußen glitzert und funkelt es, Sonne und Schnee zaubern den schönsten Winterhochzeitstag, den man sich vorstellen kann. In der Berghütte, in der gefeiert wird, ist alles festlich und ein wenig verspielt eingedeckt und dekoriert.

Das Glitzern darf sich drinnen fortsetzen! Goldene Platzsets, Wabenbälle, Papierdiamanten und Quasten harmonieren mit den Rosatönen der Rosen und Nelken sowie den Stumpenkerzen, die im unteren Drittel im rosigen Ombré-Look dekoriert sind. Die Gäste finden ihre Plätze anhand von glitzernden Pappschachteln in Diamantform, aus dem ihr Name lugt. Die Quastengirlande umrahmt das Erkerfenster des Brauttisches.

Auch das Outfit der Braut greift die goldenen Akzente auf: Das moderne Brautkleid ziert ein weicher Ledergürtel und die offene Brautfrisur schmückt ein goldenes Blattkränzchen. Elegant und sportlich wirkt der Bräutigam in seinem gut sitzenden Anzug.

Zum Shooting geht es dann raus in den Schnee! Im verschneiten Wald entstehen schöne Paarfotos mit ‚Foto-Props‘, wie dem großen Herz aus Goldpapier und dem Stoffwimpel, den die beiden gemeinsam halten.

Zurück in der Hütte wird es warm und gemütlich. Heiße Schokolade mit Marshmallows wärmt Herzen und Hände. Die Zeit zum Kuscheln beginnt!

Konzept & DIY: Verrückt nach Hochzeit
Bilder: Hanna Witte Hochzeitsreportagen
Location: Berglsteiner See
Floristik: Petra Müller Blumen
Brautkleid: AmbacherVIDIC
Haarschmuck: kido-Design

Haare & Make-up: Hajs-Ajs Creative Agency
Anzug: The Bloke
Papeterie: Herzlichst
Torte: Alma Pastelles
Glitzertischdecke: Blickfang Event Design

Mit Platzsets kann man leicht Akzente auf den Tisch bringen. Diese wurden einfach aus goldenem Papier ausgeschnitten.

Das Gastgeschenk in der Pillow Box ziert eine Quaste aus goldenem Garn und ein kleiner Gruß. Schleierkraut ist wieder groß im Kommen, besonders als komplettes Bündel eingesetzt wirkt es filigran und passt hervorragend zu anderen Sträußchen.

Die Tassen für die Begrüßungsschokolade wurden per Hand mit goldenen Herzen verziert. Zum Naschen gibt´s Marshmallows an Holzspießen dazu.

Große Blüten auf der Hochzeitstorte fügen sich in das winterliche Ambiente ein. Durch das essbare Blattgold ist die Torte schlicht und edel zugleich.

Etwas Wärmendes über den Schultern braucht es als Braut im Winter unbedingt. Dieses Fellcape trägt einen Kragen aus nudefarbenem Leder.

Gold eignet sich ganz hervorragend als Farbe in der Hochzeitspalette. Was nicht schon gold ist, wird einfach golden gemacht. Mit Sprühfarbe lassen sich viele Details einfärben, z. B. die Sektflaschen.

Quasten aus goldenem Papier sind vielseitig einsetzbar. Sie zieren unter anderem den Wimpel mit Herzmotiv beim Fotoshooting oder auch die Stühle von Mann und Frau bei der Hochzeitsfeier.

Auch an den Kirchenbänken wären sie ein echter Hingucker! Ein einfaches DIY, das man im Vorfeld prima mit den besten Freundinnen vorbereiten kann.

Bridal Boudoire

Die Zeit vergeht im Flug und kaum, dass ihr euch verseht, steht der erste Hochzeitstag vor der Tür. Die Gefühle für den Lieblingsmenschen sind ungebremst und machen euch jeden Tag aufs Neue glücklich.

Ihr wollt den Tag und euch als Ehepaar feiern und etwas ganz Besonderes machen. Vielleicht auch ein besonderes Geschenk überreichen? Ein feines Fotoalbum mit schönem Leineneinband macht neugierig.

Die Fotos darin stammen von einem Boudoire Shooting, das euch als Braut am Morgen der Hochzeit zeigen könnte. Für ein paar Stunden schlüpft ihr noch einmal in diese Rolle, lasst euch treiben von der Erinnerung und der Freude des Tages.

Es sind sinnliche Momente, zarte Fotos voller Gefühl. Euer Schleier, eure Brautschuhe und ein Strauß Blumen, ganz ähnlich eurem Brautstrauß, dürfen sich gerne als Accessoire dazugesellen.

Überreicht dieses Album zusammen mit einem Liebesbrief an euren Liebsten. Persönlich formulierte Worte auf schönem Papier werden Zeitzeugen eures ersten Hochzeitstages.

Freut euch auf all die weiteren Jahre Seite an Seite!

Bilder: Alexandra Stehle Photography
Bridal Robe: Sina Fischer Design
Brautstrauß & Floristik: Iris Utz
Haare & Make-up: Andreia Marques
Location: Kitzlein
Model: Fabienne

Wunderschöne Accessoires gehören auf jeden Fall dazu. Lasst euch euren Traum-Brautstrauß erneut binden!

Ein Morgen am Hochzeitstag, die Gewissheit,
dass der Tag nur für euch bestimmt ist.
Privates Hochzeitsglück ganz für euch alleine.

*Das brennt und bricht
durch alle Zeit:
das Ewige Licht Sinnlichkeit.*

Christian Morgenstern

DANKE.
DAS SIND DIE HOCHZEITSFOTOGRAFEN.

Anne & Björn Fotografie
Björn Stüllein
www.anneundbjoern.com

Alexandra Stehle Photography
Alexandra Stehle
www.alexandrastehle.de

Charmewedd
Schuchrat Kurbanov & Alex Muchnik
www.charmewedd.de

. Die Hochzeitsfotografen
Angelika & Artur Pfeifer
diehochzeitsfotografen.de

Festtagsfotografien
Katja Scherle
www.festtagsfotografien.com

Hanna Witte Hochzeitsreportagen
Hanna Witte
www.hochzeitsreportagen-koeln.de

Ishtar Najjar Fotografie
Ishtar Najjar
www.ishtar-fotografie.de

Karoline Kirchhof Photography
Karoline Kirchhof
www.karolinekirchhof.com

Katja Heil Fotografie
Katja Heil
www.katjaheil.de

Lea Bremicker Fotografie
Lea Bremicker
www.leabremicker.com

Le Hai Linh Photography
Le Hai Linh
www.lehailinh.com

Metz Fotografie
Melanie Metz
www.melanie-metz.de

OctaviaplusKlaus Wedding Photography
Klaus Oppermann
www.octaviaplusklaus.com

Pausin Fotografie
Nicole Pausin-Menius
www.pausin-fotografie.de

Susanne Wysocki Fotografie
Susanne Wysocki
www.susannewysocki.de

DANKESCHÖN

Ein besonderes Dankeschön geht an unseren Kooperationspartner Folia für alle Papiere, Bastelutensilien und Werkzeuge. Des Weiteren an die Hochzeitsfloristen für die Unterstützung beim Blumenkranz (S. 104), an Oh so pretty Concept Store für das schöne Seidenkonfetti (S. 106) und an Kathleen Richter, alias LeeniArts, für die süßen Malvorlagen im Hochzeitsmalbuch (S. 108).

IMPRESSUM

Idee, Konzept und Texte: Katja Heil
Fotos: Anne & Björn Fotografie (S. 38/39, 48/49); Alexandra Stehle Photography (S. 150, 152-157); Charmewedd (S. 12/13, 34/35, 52, 64/65, 84/85); Die Hochzeitsfotografen (S. 4, 36/37, 40/41, 55, 78/79); Festtagsfotografien (S. 58/59, 74/75); Hanna Witte Hochzeitsreportagen (S. 18/19, 28, 46/47, 68/69, 88/89, 116 rechts, 143-149); Ishtar Najjar Fotografie (S. 20/21, 90/91, 126, 128-133); Karoline Kirchhof Photography (Cover, S. 22/23, 30/31, 50/51, 60/61); Katja Heil Fotografie (S. 9, 94, 96-115, 116 links, 119-125, 134, 136-141); Kristina Assenova Photography (S. 2); Lea Bremicker Fotografie (S. 15, 26/27, 77, 86/87); Le Hai Linh Photography (S. 24/25, 42/43, 62/63, 82/83); Metz Fotografie (S. 29, 32, 66/67, 72/73, 92/93); OctaviaplusKlaus Wedding Photography (S. 3 rechts, 56/57, 70/71); Pausin Fotografie (S. 3 Mitte, 5-6, 16/17, 44/45); Susanne Wysocki Fotografie (S. 3 links, 10/11, 80/81)
Modelle: Die Hochzeitsfloristen (Blumenkranz, S. 104), Katja Heil (alle übrigen)
Illustrationen Hochzeitsmalbuch: Kathleen Richter, Leeni-Arts (S. 2-4); redchocolatte, Fotolia (S. 1, 5/6)
Layout, Satz, Covergestaltung und Vorlagen: Kerstin Schmidt, sanvie|designbüro

Programmleitung und Produktmanagement: Susanne Klar, Christine Rauch
Druck und Bindung: APPL, Wemding

© Lifestyle BusseSeewald in der frechverlag GmbH Stuttgart, 2015

1. Auflage 2015

ISBN: 978-3-7724-7403-3 • Best.-Nr. 7403

Freebie

Download-Code zum Freischalten der Vorlagen: 14806